GW01605402
STAR WARS

LA AMENAZA FANTASMA

Adaptado por Courtney Carbone
Ilustrado por Heather Martinez

Editorial Planeta, S. A., 2019
Avda. Diagonal, 662-664, 08034 Barcelona (España)
www.planetadelibrosinfantilyjuvenil.com
www.planetadelibros.com
Primera edición: abril de 2019
ISBN: 978-84-08-20701-6
Depósito legal: B. 4.926-2019
Impreso en España

Hace mucho tiempo, en una galaxia muy muy lejana...

El pacífico planeta de Naboo sufre el bloqueo de la codiciosa Federación de Comercio. La República Galáctica se apresura a enviar a **Qui-Gon Jinn** y **Obi-Wan Kenobi** para arreglar la situación. Ambos son caballeros Jedi, guardianes de la justicia y maestros de la **Fuerza**, una poderosa energía que conecta a todos los seres vivos.

Pero cuando Qui-Gon y Obi-Wan llegan a Naboo, son atacados por droides de combate. Los Jedi se defienden con sus **espadas láser**, pero están en inferioridad numérica y al final se ven obligados a huir de la nave de la Federación de Comercio.

En Naboo, Qui-Gon y Obi-Wan conocen a una divertida criatura llamada **Jar Jar Binks**.

Jar Jar los conduce a la ciudad submarina de los gungan.

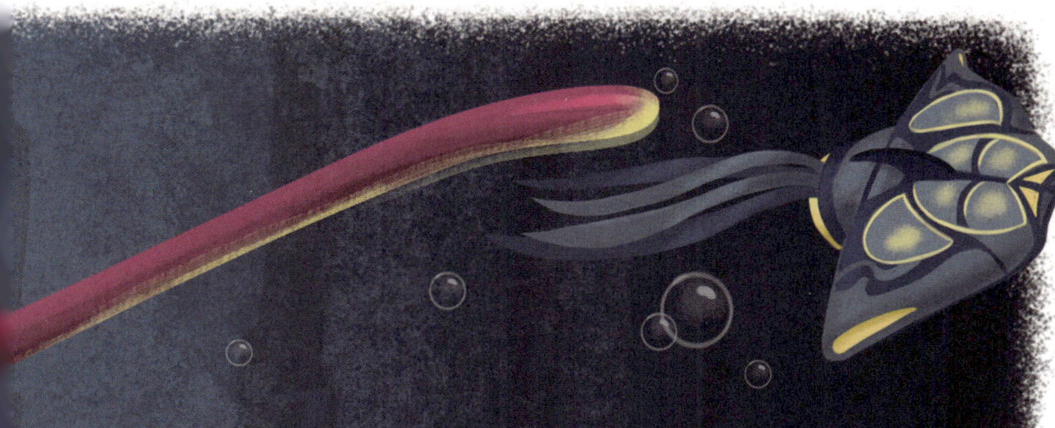

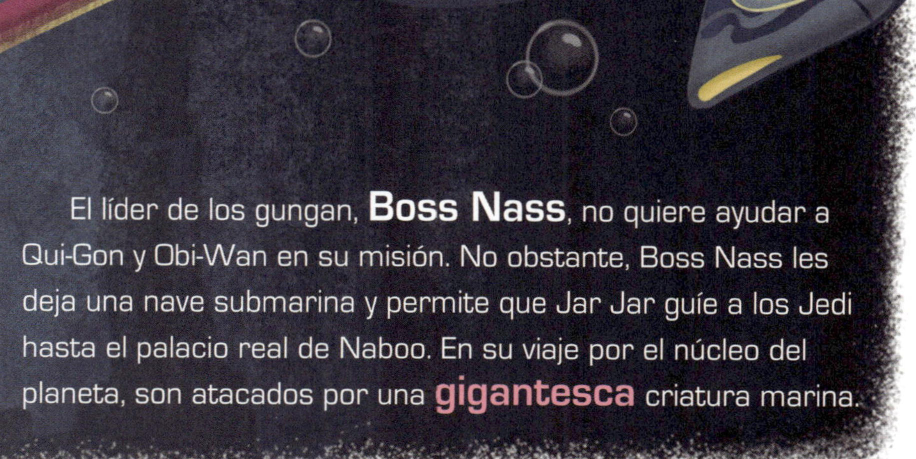

El líder de los gungan, **Boss Nass**, no quiere ayudar a Qui-Gon y Obi-Wan en su misión. No obstante, Boss Nass les deja una nave submarina y permite que Jar Jar guíe a los Jedi hasta el palacio real de Naboo. En su viaje por el núcleo del planeta, son atacados por una **gigantesca** criatura marina.

Tras escaparse por los pelos, los héroes llegan al palacio real, donde descubren que la **reina Amidala** ha sido **secuestrada** por el líder de la Federación de Comercio, el virrey Gunray.

Rápidamente, los Jedi liberan a la reina Amidala y a su doncella. Acto seguido, se apresuran a subir a bordo de la nave real y **ponen rumbo** a Coruscant, la capital de la República, para pedir ayuda.

¡Oh, no! Droides buitres de la Federación atacan la nave real. Un equipo de droides astromecánicos se apresura a reparar los escudos de la nave. Un valiente droide llamado **R2-D2** consigue arreglar el problema.

En otra parte de la galaxia, el auténtico villano responsable de todo el plan de la Federación de Comercio se muestra furioso por la fuga de la reina Amidala. Darth Sidious es un Lord Sith, un diabólico maestro del lado oscuro de la Fuerza. **Darth Sidious** ordena a su aprendiz, **Darth Maul**, que encuentre a la reina Amidala de inmediato.

El hiperpropulsor de la nave real está dañado, así que los héroes aterrizan en el planeta desértico de Tatooine para repararlo. Qui-Gon, Obi-Wan y la doncella de la reina Amidala, **Padmé**, encuentran un nuevo hiperpropulsor en una chatarrería local, pero no tienen dinero para pagar a Watto, el chatarrero.

Padmé conoce a **Anakin Skywalker**, un niño esclavo que trabaja en la chatarrería. Anakin puede arreglar cualquier cosa y, además, es un habilidoso conductor de vainas de carreras.

Se desata una tormenta de arena, así que Anakin invita a sus nuevos amigos a su casa. Allí conocen a la madre de Anakin, Shmi, y al droide que el chico está construyendo.

—Hola, mi nombre es **C-3PO** —dice el droide.

Qui-Gon percibe que la Fuerza es muy intensa en el chico. Cree que Anakin podría convertirse en un Jedi.

Qui-Gon hace una apuesta con Watto. Si Anakin queda primero en la carrera de vainas, Watto le entregará el hiperpropulsor y concederá la **libertad** al chico. Pero si Anakin pierde, Watto se quedará con la nave real.

Durante la carrera de vainas, Anakin conduce **a toda velocidad**. ¡La multitud enloquece cuando el chico cruza la meta en primer lugar!

Pronto, la nave real está reparada. Anakin está triste por tener que abandonar a su madre, pero a la vez entusiasmado por empezar su entrenamiento para convertirse en Jedi.

De repente, Darth Maul lanza un ataque sorpresa. Qui-Gon lucha con valentía y consigue ganar el suficiente tiempo para que el resto de héroes puedan escapar volando hacia Coruscant.

Cuando llegan a Coruscant, la reina Amidala pide ayuda al senado de la República. Mientras tanto, Qui-Gon lleva a Anakin ante el **Consejo Jedi**. Quiere que el chico se convierta en Jedi.

A Yoda, un poderoso maestro Jedi, le preocupa que Anakin tenga miedo en su corazón. El miedo puede llevar a un Jedi hacia el **lado oscuro** de la Fuerza.

—El futuro del chico nublado es... —dice Yoda.

La República rechaza ayudar a la reina Amidala, así que los héroes vuelven a Naboo para salvar a la gente. Proponen a los gungan formar una alianza. Padmé revela que ella realmente es la reina Amidala **disfrazada**. Padmé ruega a Boss Nass que les ayude y este finalmente accede. Combatirán juntos contra la Federación de Comercio.

Padmé, Anakin y los Jedi se cuelan en el palacio. Liberan a los pilotos de Naboo, quienes **abren fuego** con sus cazas estelares y atacan a la flota de la Federación de Comercio en el espacio. De repente, ¡aparece **Darth Maul**! Qui-Gon y Obi-Wan plantan cara al villano mientras Padmé y sus guardias intentan capturar al virrey.

Fuera del palacio, Jar Jar y el resto de los gungan se enfrentan al ejército de la Federación de Comercio.

Pero los gungan están en inferioridad numérica, y sus escudos poco pueden hacer frente a cientos de **droides de combate**.

Para mantenerse a salvo, Anakin se esconde en un caza estelar de Naboo con R2-D2. De repente, se enciende el piloto automático de la nave y despega hacia el espacio, donde se está librando la batalla. Anakin utiliza su increíble habilidad como piloto para llegar hasta el interior de la nave de control de droides... ¡y hacerla **volar por los aires**!

¡BUUUM! Sin la nave de control activa, los droides de combate que hay por todo Naboo se apagan.

En palacio, los Jedi se enfrentan juntos a Darth Maul. El Lord Sith se mueve impulsado por la **fuerza** de la ira y del odio. Darth Maul derriba a Qui-Gon con su espada láser de doble hoja y lanza a Obi-Wan a un pozo profundo. Cuando parece que Obi-Wan ha sido derrotado, el Jedi vuelve a entrar en acción y acaba con Darth Maul de un **poderoso** impacto.

Obi-Wan corre junto a su maestro. Con su **último aliento**, Qui-Gon le pide a Obi-Wan que entrene a Anakin para que se convierta en Jedi.

La Federación de Comercio ha sido **derrotada**. Padmé Amidala, Boss Noos y el pueblo de Naboo celebra que pueden volver a vivir en paz.

Obi-Wan mantiene la promesa que hizo a Qui-Gon y se compromete a enseñar los caminos de la **Fuerza** a Anakin. ¡El viaje de Anakin para ser un Jedi ha empezado!

STAR
WARS